Viajemos en tren

Figuras bidimensionales

Suzanne Barchers

Créditos

Dona Herweck Rice, *Gerente de redacción*; Lee Aucoin, *Directora creativa*; Don Tran, *Gerente de diseño y producción*; Sara Johnson, *Editora superior*; Evelyn Garcia, *Editora asociada*; Neri Garcia, *Composición*; Stephanie Reid, *Investigadora de fotos*; Rachelle Cracchiolo, M.A.Ed., *Editora comercial*

Teacher Created Materials

5301 Oceanus Drive
Huntington Beach, CA 92649-1030
http://www.tcmpub.com
ISBN 978-1-4333-2745-2

Tabla de contenido

Figuras por todas partes

El mundo está lleno de distintas figuras. Algunas son **figuras bidimensionales**. Esto significa que tienen longitud y anchura. Las figuras bidimensionales también tienen lados. Algunas tienen **vértices**. Los vértices son los puntos donde se encuentran los lados.

Cuando viajas, se pueden ver figuras bidimensionales. En los trenes y las estaciones de ferrocarril hay muchas figuras bidimensionales interesantes. Entonces, ¡sube a bordo de esta aventura en busca de figuras!

Comencemos nuestro viaje en la estación Unión de Los Ángeles

¡Todos a bordo! Estas palabras te avisan que llegó la hora de comenzar tu viaje en tren. Pero debes hacer algunas cosas antes de que te vayas.

Los relojes de la torre son los primeros **círculos** que ves en la estación Unión de Los Ángeles. Asegúrate de tener tiempo libre adicional. Querrás mirar alrededor de esta estación

Los círculos no tienen vértices, pero son figuras bidimensionales. La distancia que existe entre el centro de un círculo y el borde es igual en toda la figura.

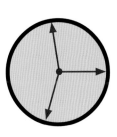

Mira hacia arriba cuando entres. El **diseño** tiene figuras. Cuenta cuántos círculos puedes ver. Vuelve a mirar. ¿Qué otras figuras puedes encontrar?

Mira hacia abajo y encontrarás más círculos dentro de círculos. Además, el piso está cubierto de **triángulos**.

Exploremos las matemáticas

Un triángulo es una figura plana que tiene 3 lados. Los puntos en los que se encuentran los lados se llaman vértices.

Los triángulos siempre tienen 3 vértices. Observa las siguientes figuras. Luego contesta las preguntas.

1.   2.   3.

a. ¿Cuántos vértices tiene la figura 1?

b. ¿Cuántos vértices tiene la figura 2?

c. ¿Cuántos vértices tiene la figura 3?

d. ¿Qué figuras son triángulos? ¿Cómo lo sabes?

Al abordar el tren, tendrás la oportunidad de ver las ruedas. Las ruedas deben ser perfectamente redondas para que el tren pueda viajar seguramente a altas velocidades.

Exploremos las matemáticas

¿Cuáles de las siguientes figuras son círculos? ¿Cómo lo sabes?

1.   2.   3.   4.

Detengámonos en la estación Unión de Chicago

Baja del tren en la estación Unión de Chicago. ¡Observa los **cuadrados**! Los cuadrados tienen 4 lados. Todos tienen la misma longitud. Además, sus lados son **paralelos**. Eso significa que las 2 líneas siempre están a la misma distancia.

Observa
el exterior de
la estación.
Las ventanas
superiores también
tienen forma de
cuadrado.

Exploremos las matemáticas

Un cuadrado es una figura plana que tiene 4 lados. Todos los lados tienen la misma longitud. Los puntos donde se encuentran los lados se llaman vértices. Observa las siguientes figuras. Luego contesta las preguntas.

1.   2.   3. ▮

a. ¿Cuántos vértices tiene la figura 1?

b. ¿Cuántos vértices tiene la figura 2?

c. ¿Cuántos vértices tiene la figura 3?

d. ¿Cuál figura es un cuadrado? ¿Cómo lo sabes?

Las vías férreas tienen rieles y traviesas. Las traviesas son los trozos de madera más pequeños que hay debajo de los rieles. Los rieles son paralelos. Las traviesas también son paralelas.

Las traviesas tienen forma de **rectángulo**. Los rectángulos tienen 4 lados y 4 vértices. Tienen 2 lados cortos paralelos. Los otros 2 lados son más largos y también son paralelos.

Las líneas paralelas que son muy largas parecen unirse cuando se observan desde el suelo. Pero parecen paralelas desde muy alto.

Exploremos las matemáticas

1.

2.

3.

¿Qué grupo de líneas muestra líneas paralelas?

Observa mientras sales de la estación. Es probable que veas una plataforma giratoria en la playa de maniobras. Las primeras locomotoras que se hicieron no podían ir en reversa. El tren se conducía hasta una gran plataforma giratoria donde se le daba la vuelta.

Las plataformas giratorias son círculos grandes. Las locomotoras se reparaban en un gran edificio que estaba cerca de esa plataforma. El edificio se llama rotonda.

Durante tu viaje podrás ver vagones de carga abiertos llenos de carbón o granos. ¿Puedes ver la forma rectangular de estos vagones? Los vagones pueden sostener todo tipo de mercancías.

Exploremos las matemáticas

Observa las siguientes figuras. ¿Cuáles tienen forma de rectángulo? ¿Cómo lo sabes?

1.

2.

3.

4.

Hace años podías haber visto trenes lecheros. Estos trenes hacían muchas paradas para recoger y entregar leche. ¿Qué figuras ves en este tren antiguo?

Durante tu viaje, mira por las ventanas rectangulares. Puedes buscar figuras en las señales del ferrocarril para pasar el tiempo.

A este letrero se le llama señal de paso a nivel. Se utiliza en los cruces ferroviarios. Busca los rectángulos que lo forman.

Detengámonos en Washington D.C. y en Filadelfia

Baja del tren en la estación Unión de Washington D.C. Quizás sentirás que caminas a través de círculos. Mira con atención el techo. Encontrarás muchos cuadrados, triángulos y rectángulos.

¿Puedes ver la figura con ocho lados? Esa figura se llama **octágono**. No te pierdas el suelo. ¡Al diseñador le gustaba mucho usar figuras!

¡Bienvenido a Filadelfia! Aquí hay tanto qué ver y hacer. Pero primero observa la estación de la calle 30. Al diseñador le encantaban los cuadrados y los rectángulos.

Mira el techo. Verás cuadrados dentro de otros cuadrados. Luego observa las ventanas. Verás hileras de rectángulos. ¡Hasta las lámparas tienen rectángulos, cuadrados y un octágono!

¡Última parada! La estación central de Nueva York

    ¡Tu última parada es en la ciudad de Nueva York! En la estación Grand Central también hay muchísimas figuras. También puedes ver constelaciones en el techo.

El techo estuvo sucio durante muchos años. Mira hacia arriba. Verás una área que muestra que tán sucio estaba. ¿Qué figura tiene la parte sucia?

Hay algo más que debes hacer antes de terminar tu viaje. Busca la sala de los secretos. Primero observa todos esos rectángulos.

Luego párate en una esquina. Pídele
a un amigo que se pare en la esquina
contraria. Entonces susurra algo. El
techo redondeado llevará tus susurros
directamente a tu amigo. ¡Manténganlo en
secreto!

Las figuras del tren

Hay figuras en muchos lugares y objetos. Éste es un dibujo de un tren que se usó en el siglo XIX. ¿Puedes hallar todas las figuras que lo forman?

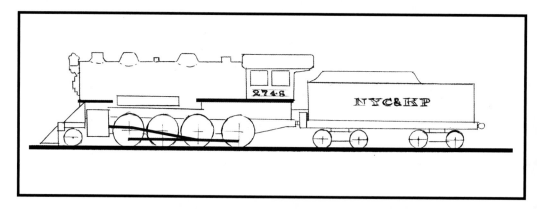

a. ¿Cuántos círculos hay en el dibujo?

b. ¿Cuántos triángulos hay en el dibujo?

c. ¿Cuántos cuadrados hay en el dibujo?

d. ¿Cuántos rectángulos hay en el dibujo?

e. ¿Cuántas figuras hay en total?

¡Resuélvelo!

Sigue estos pasos para resolver el problema.

Paso 1: Comienza por la izquierda. Cuenta todos los círculos que hay de la izquierda a la derecha. Escribe la cantidad de círculos que encontraste.

Paso 2: Repite el paso 1 y cuenta todos los triángulos. Escribe la cantidad de triángulos que encontraste.

Paso 3: Comienza nuevamente por la izquierda. Esta vez, busca cuadrados. Escribe cuántos cuadrados encontraste.

Paso 4: Comienza por la izquierda una vez más. Primero busca rectángulos en la locomotora. ¡Ten cuidado! Algunos son muy pequeños. Luego cuenta los rectángulos del vagón de carga. Escribe cuántos rectángulos encontraste.

Paso 5: Para hallar el total, suma todas las figuras que contaste.

Glosario

círculos—figuras planas y redondas

cuadrados—figuras planas que tienen 4 vértices y 4 lados iguales

diseño—plan para crear algo

figuras bidimensionales—figura plana que tiene tanto longitud como anchura

octágono—figura plana de 8 lados

paralelo—que tiene líneas que están a la misma distancia y nunca se superponen

rectángulos—figuras planas que tienen 4 vértices y 2 grupos de lados iguales paralelos

triángulos—figuras planas que tienen 3 lados y 3 vértices

vértices—puntos donde se unen 2 o más lados

Índice

Exploremos las matemáticas

Página 9:

a. 3 vértices

b. 3 vértices

c. 4 vértices

d. Las figuras 1 y 2 son triángulos. Las respuestas pueden variar, pero deberían incluir que los triángulos tienen 3 vértices o 3 lados.

Página 10:

Las figuras 1 y 3 son círculos. Las respuestas pueden variar, pero deberían incluir que los círculos tienen la misma distancia desde el centro en toda la figura.

Página 12:

a. 4 vértices

b. 4 vértices

c. 4 vértices

d. La figura 2. Las respuestas pueden variar, pero deberían incluir que los 4 lados son iguales.

Página 14:

Las líneas del grupo 2 son paralelas.

Página 17:

Las figuras 1, 2 y 3 tienen forma de rectángulo. Las respuestas pueden variar, pero deberían incluir que los rectángulos tienen 4 vértices y 4 lados paralelos.

Resuelve el problema

Las respuestas pueden variar en todos los problemas.